NOUVEAU PROJET

DE HALLES CENTRALES

DANS LA CITÉ,

AVEC CRÉATION D'UN BEAU QUARTIER

DIT DES INNOCENTS

SUR L'EMPLACEMENT DES HALLES ACTUELLES,

PAR

MM. ROZE (HENRY), Architecte-expert, ET A. ROZE FILS, Architecte, Ingénieur civil, ancien élève de l'École centrale.

.....La CITÉ est, en effet, le vrai CENTRE géométral de Paris.....
Notre projet, mis immédiatement à exécution, permettrait aux visiteurs étrangers, lors de l'Exposition universelle de 1855, d'admirer des deux points les plus extrèmes de la capitale, le magnifique aspect formé par les nombreux monuments décorant les deux rives de la Seine.

PARIS

AU CABINET DES AUTEURS, 50, RUE DE CLICHY.

1853

NOUVEAU PROJET
DE HALLES CENTRALES
DANS LA CITÉ,

AVEC CRÉATION D'UN BEAU QUARTIER

DIT DES INNOCENTS

SUR L'EMPLACEMENT DES HALLES ACTUELLES,

PAR

MM. ROZE (HENRY), Architecte-expert, ET A. ROZE FILS, Architecte, ingénieur civil, ancien élève de l'École centrale

— · ◦ · —

.....La Cité est, en effet, le vrai CENTRE géométral de Paris.....
Notre projet, mis immédiatement à exécution, permettrait
aux visiteurs étrangers, lors de l'Exposition universelle de
1855, d'admirer des deux points les plus extrêmes de la capitale, le magnifique aspect formé par les nombreux monuments décorant les deux rives de la Seine.

PARIS

AU CABINET DES AUTEURS, 50, RUE DE CLICHY.

—

1853

SOMMAIRE.

NOUVEAU PROJET
DE HALLES CENTRALES
DANS LA CITÉ
AVEC CRÉATION D'UN BEAU QUARTIER
DIT DES INNOCENTS,
SUR L'EMPLACEMENT DES HALLES ACTUELLES,

PAR

MM. ROZE (HENRY), Architecte-expert, ET A. ROZE FILS, Architecte, ingénieur civil, ancien élève de l'École centrale.

* * *

.....La Cité est, en effet, le vrai CENTRE géométral de Paris....
Notre projet, mis immédiatement à exécution, permettrait aux visiteurs étrangers, lors de l'Exposition universelle de 1855, d'admirer, des deux points les plus extrêmes de la capitale, le magnifique aspect formé par les nombreux monuments décorant les deux rives de la Seine.

INTRODUCTION.

La suspension des travaux du pavillon-*modèle* des Halles centrales fait naître tout naturellement les propositions suivantes :

1° Doit-il y avoir des Halles centrales ?

2° La nécessité des Halles centrales admise, l'emplacement actuel est-il bien choisi au triple point de vue de la centralisation, de la salubrité et de la circulation dans les voies publiques devant entourer les Halles centrales ?

En d'autres termes, les vastes et beaux terrains aujourd'hui déblayés par l'expropriation, et compris dans le périmètre formé par les rues Saint-Honoré, Saint-Denis, Rambuteau et du Four, — si près de la belle rue de Rivoli, — ne seraient-ils pas plus avantageusement utilisés par des constructions neuves et productives, que par des Halles pouvant, à *ce jour*, — être transférées ailleurs ?

3° Enfin, le quartier de la Cité, — *plus au centre* de Paris, — n'est-il pas en effet l'*emplacement naturel*, qui convient le mieux à l'établissement des Halles centrales, en profitant de cette occasion pour assainir et régénérer ce quartier, qui en a tant besoin ?

Nous allons successivement examiner ces trois propositions, et démontrer ensuite, par des chiffres comparatifs, tous les avantages devant résulter, — sinon de l'adoption de notre projet, — au moins du principe de l'établissement des Halles centrales dans la Cité, et de la construction, sur l'emplacement des halles actuelles, d'un quartier riche et commerçant, qui indemniserait la ville de Paris, par la revente de ses terrains, des sacrifices qu'elle fait en ce moment pour améliorer les voies publiques, et dégager les monuments de la capitale.

PREMIÈRE PROPOSITION.

Doit-il y avoir à Paris des Halles centrales ?

Les avis ont été longtemps partagés sur cette question. — En effet, les uns prétendaient, avec raison peut-être, que la création d'un marché général des denrées alimentaires sur un seul point de la ville de Paris, au détriment des marchés d'arrondissement, avait l'inconvénient de faire payer aux habitants de la Métropole ces denrées beaucoup plus cher, par cette raison que ces marchandises passaient au moins dans trois ou quatre mains, avant d'arriver au consommateur, — ce qui n'aurait pas lieu, si ces mêmes denrées étaient, de prime abord, dirigées dans les marchés d'arrondissement faits et à faire.

Que cette manipulation quotidienne et multipliée des denrées alimentaires procure l'existence, sous forme de profession, à un très-grand nombre d'individus, — on ne le saurait nier, et cela est bien digne de considération ; — d'ailleurs, en subdivisant le Marché central de Paris, en douze marchés, par exemple, il y aurait place pour tous les marchands. — Dans tous les cas, l'intérêt général avant l'intérêt particulier.

Mais, d'un autre côté, les partisans des Halles centrales répliquent avec non moins de bon sens : — Pourquoi multiplier les encombrements dans tous les quartiers de Paris ? — La perception de l'octroi et l'administration importante de cette colossale et indispensable industrie, sont plus faciles au moyen d'une Halle centrale, et la salubrité de la ville ne peut que gagner à l'établissement d'un marché général des denrées alimentaires. Le seul problème à résoudre, donc, c'est de trouver un emplacement assez vaste et assez central, pour satisfaire à la fois à toutes les conditions ou les exigences voulues d'économie, de salubrité et d'espaces suffisants, pour abriter convenablement marchands et marchandises ; sans nuire à la circulation des autres quartiers, *qui y doivent aboutir de tous points, et dans le même laps de temps.*

En un mot, les Halles centrales de Paris doivent constituer un monument public, aussi grandiose que possible, au moins quant à sa surface, et suffisant aux nécessités du présent et de l'avenir.

C'est sous ce dernier rapport que nous avons envisagé l'utilité d'une Halle centrale, et partant de ce principe, que nous avons dressé le projet que nous soumettons à l'examen des hommes compétents ; — inutile de dire que la discussion de ce projet et de notre proposition doit être faite *à ce jour,* c'est-à-dire à l'état où se trouvent, en ce moment, les expropriations faites par la ville de Paris, pour l'exécution du projet de MM. Baltard et Callet.

SECONDE PROPOSITION.

La nécessité de Halles Centrales admise, l'emplacement actuel est-il bien choisi, au triple point de vue de la centralisation, de la salubrité et de la circulation dans les voies publiques, devant entourer lesdites halles, que l'on veut établir dans le quartier Montmartre ?

En d'autres termes, les vastes et beaux terrains, aujourd'hui déblayés par les expropriations, et compris dans le périmètre formé par les rues Saint-Honoré, Saint-Denis, Rambuteau et du Four, — si près de la belle rue de Rivoli, — ne seraient-ils pas plus avantageusement utilisés par des con-

structions neuves et productives, que par des halles, pouvant, a ce jour, être avantageusement transférées ailleurs ?

Il est facile de comprendre tout d'abord, à la lecture de cette proposition, que notre projet est, si l'on peut s'exprimer ainsi, *une proposition de seconde vue.*

En effet, avant la démolition de toutes les maisons qui composaient l'ancien et sale quartier des Halles, il n'était donné à personne de prévoir et de juger du parti avantageux que la ville peut tirer aujourd'hui de ces vastes terrains, si bien placés, au centre des quartiers commerçants, entre la rue Montmartre, celles de Rivoli et des Bourdonnais ; — et si cette observation est juste, n'est-il pas temps encore d'appeler l'attention des autorités gouvernementales et municipales sur cette question, comme de leur proposer un emplacement moins coûteux pour l'établissement des Halles centrales.

Mais, dira-t-on, les Halles sont de temps immémorial établies dans ce quartier, il ne faut pas les en faire sortir ; — c'est un emplacement en quelque sorte traditionnel ! — *Respectons la tradition !*

Cela est tout simplement une erreur ; en effet, d'après le dictionnaire des rues de Paris, par *Lazare,* — « L'origine des « Halles parisiennes remonte à l'existence du *marché Palud* « dans la Cité, à l'époque où cette île constituait à elle seule « Paris ; — Par suite de l'extension de la capitale, surtout « sur la rive droite, dont le sol était moins accidenté, il s'éta-« blit un deuxième marché sur la place de Grève ; — sous « Philippe Auguste, ces deux marchés furent remplacés par « une Halle beaucoup plus vaste, créée près du chemin de « Saint-Denis, sur l'emplacement des champeaux, qui est celui « des Halles actuelles ; on appela cet établissement, affran-« chi par Philippe-Auguste, du nom de *Halles* ou *Alles,* par « ce que *chacun y allait* ; — ces Halles encore agrandies et « même réorganisées sous saint Louis, étaient encore devenues « insuffisantes en 1550, époque de leur reconstruction to-« tale ; — toutes les rues au pourtour furent élargies et pré-« sentèrent la galerie couverte des Piliers des Halles, fort « admirée à cette époque ; — toutes ces constructions resté-« rent, jusqu'en 1789, la propriété de seigneurs qui tou-« chaient les redevances des marchands ; — par suite de « l'abolition du régime féodal et en vertu du décret du 26 « mars 1806, les Halles devinrent la propriété de la ville de « Paris, qui racheta les anciens droits ; — enfin le décret de « Napoléon du 24 février 1811, reconnut leur insuffisance et « ordonna des expropriations, dont partie seulement fut exé-« cutée à cette époque, et qui sont à peu près celles reprises « dernièrement. »

Certainement, il a fallu de grandes considérations pour porter le Conseil municipal en 1845, — nonobstant les justes observations de M. Lanquetin, son ancien président, — pour faire repousser tous les autres emplacements proposés, à l'exception de celui des Halles anciennes ; — en effet, M. Lanquetin; en repoussant le projet, exigeait comme conditions essentielles de l'établissement d'une Halle : — « Qu'elle ne « s'élève ni dans un quartier où la circulation soit trop active, « ni sur un point de communication où elle imposerait ses « désagréments, même aux gens que leurs affaires n'appel- « lent pas au marché; qu'elle soit commodément et facilement « accédée de toutes les barrières et de tous les marchés de « quartier; que son périmètre soit d'une étendue suffisante « pour que tous les services y soient établis sans confusion ; « enfin, que le stationnement des voitures puisse se faire dans « les lieux circonvoisins. »

Quel autre emplacement peut, mieux que la Cité, résou- dre le problème si nettement posé par M. Lanquetin?

Et d'ailleurs, en ce qui touche le quartier des Halles ac- tuelles, il nous paraît juste, de faire également observer que les vieilles maisons de ce quartier existaient encore à cette épo- que (1843) et que la rue de Rivoli, — non-seulement, n'existait que sur le papier, — mais encore, que son tracé était autre que celui mis en ce moment à exécution. — Ces faits, selon nous, méritent bien quelque attention !

La rive droite ne peut avoir, même dans son intérêt parti- culier, la prétention de tout envahir ou accaparer.

Mais, d'un autre côté, la rive gauche qui n'a cessé de ré- clamer contre l'envahissement de la rive droite; — mais le pres- que délaissement, comme amélioration de l'île Saint-Louis; — mais l'oubli, au même point de vue, du quartier du Marais ; — mais enfin, l'état fangeux de tout ce qui reste du quar- tier de la Cité; — tout cela constituait, — à cette époque comme aujourd'hui, — des intérêts d'actualité incessante, et sollicitait l'attention de nos édiles; — cependant, après de nombreuses conférences, ces messieurs décidèrent pourtant, que les Halles resteraient dans leur quartier, comme étant le *plus central* et le plus convenable à cette destination.

Nous ne voulons pas avoir raison contre ce que l'on appelle *tout le monde*; — seulement, qu'il nous soit permis de dire que le quartier des anciennes Halles n'est pas central ; — et que le fût-il, malgré la démolition complète des maisons; — et quoi qu'on fasse, — même par la construction de douze pavillons isolés ou réunis, — l'emplacement actuel sera toujours, et de plus en plus, insuffisant : — que la circulation étrangère à l'approvisionnement des Halles sera constamment embarras- sée, — cet emplacement étant dépourvu des grandes surfa- ces nécessaires au stationnement des voitures de cet appro- visionnement.

D'un autre côté, nous ajouterons : qu'au point de vue de la salubrité, — malgré l'abondance de l'eau et la surveillance incessante de l'administration, — les Halles centrales, ainsi placées, sont trop éloignées de la Seine, du fleuve enfin, voie naturelle, auprès de laquelle devraient toujours être construits les Docks, les Entrepôts, les Halles et les Marchés, surtout pour l'emport des immondices !

Nous établirons plus loin, par un tableau comparatif entre notre projet et les principaux connus à ce jour, les différen- ces avantageuses en surfaces; — de places marchandes, — de circulation, — d'arrivages et de stationnement des voitu- res pour le présent et pour l'avenir ; — mais qu'il nous soit permis de répéter une seconde fois, que les terrains, — au- jourd'hui libres des Halles centrales, sont devenus, par la force naturelle des choses, d'un prix trop élevé, pour recevoir des Halles qui produiront d'autant moins qu'elles seront trop monumentalement construites; — non que nous proposions de faire les constructions des Halles centrales d'une façon mesquine, — mais bien au contraire, sur un plan grandiose et léger, quoique solide, pour laisser au jour et à l'air le plus de jeu et de parcours possibles.

Cela dit, passons à l'examen de la troisième proposition.

TROISIÈME PROPOSITION.

Le quartier de la Cité, plus au centre de Paris, n'est-il pas l'emplacement naturel qui convient le mieux à l'établissement des Halles centrales, en profitant de cette occasion pour régé- nérer ce quartier, qui en a tant besoin?

Soit que l'on décrive au présent un cercle tangent au mur actuel d'enceinte, soit que ce cercle, dans un avenir plus ou moins éloigné, se rencontre avec les fortifications, *la Cité est, en effet, le vrai centre géométral de Paris.*

En fût-il autrement, — ce qui n'est pas, — ce serait une raison pour nous de proposer de rapprocher les Halles cen- trales des quartiers les moins riches de la capitale, et qui entourent la Cité, afin de mettre à même la classe ouvrière de s'approvisionner plus promptement, et au meilleur marché pos- sible ; — ajoutons que les maisons qu'il faudra exproprier pour l'établissement des Halles centrales sur son vaste périmètre, en respectant les grandes voies tracées pour l'isolement et l'ar- rivée de la cathédrale, déjà arrêtées en principe par le Con- seil municipal, sont, — ainsi qu'on le verra ci-après, — de fort peu de valeur.

Les Halles construites sur l'emplacement de ce vieux quar- tier pourront, ainsi que notre projet le comporte, être sur- élevées de deux étages d'habitation destinés à la population marchande; c'est, comme on le voit, un moyen très-naturel de régénérer la population de la Cité ; — qui ne comprend de suite que le fleuve entourant la Cité doit servir à l'assainissement, et, au besoin, à l'approvisionnement des HALLES CENTRALES, comme on le verra ci-après à la description de notre projet.

QUELQUES MOTS SUR LES PROJETS CONNUS DE MM. BALTARD ET CALLET, —HOREAU, — CH. DUVAL, —ET F. PIGEORY.

Deux projets se disputèrent longtemps la préférence, et, s'il faut le dire, ils ne devaient pas être adoptés l'un à l'ex- clusion de l'autre; — nous ferons tout à l'heure connaître nos observations à ce sujet.

Quoi qu'il en soit, le Conseil municipal votant, ce fut le projet de MM. Baltard et Callet qui sortit victorieux de la lutte. — Hélas ! ce succès aura été de courte durée ; mais, en conscience, la faute en doit-elle être attribuée à ces deux architectes, hommes de talent sans conteste ; — non, certainement, puisque leur projet avait été adopté !

On ne peut nier que MM. Baltard et Callet, chargés de projeter des Halles centrales, alors que la ville voulait utiliser les emplacements de ses marchés, ne pouvaient guère choisir d'autres terrains, ce qu'ils firent.

Par leur plan général, ils reliaient, en quelque sorte, la Halle au Blé, ainsi que le marché des Innocents, à leurs constructions neuves ; — mais si d'une part, ils avaient compris que la rue Saint-Denis et celle de Rambuteau étaient réellement de grandes artères d'encadrement ; d'un autre côté, ils négligeaient de venir jusqu'à la rue Saint-Honoré, autre grande artère primordiale et plus importante, en ce qu'elle est desservie par les rues de l'Arbre-Sec et du Roule, joignant aussi le Pont-Neuf, non moins nécessaire à l'arrivée et au service des Halles que les rues Saint-Denis et de Rambuteau.

Que la construction du nouveau pavillon des Halles centrales ne présente pas un aspect satisfaisant ; que sa construction paraisse lourde et soit réellement trop coûteuse : que les dispositions intérieures ne soient pas d'une appropriation heureuse, au point de vue de l'économie et de l'arrivée : — tout cela est certainement fort regrettable, quant aux dépenses faites, mais cela peut être utile à quelque chose. — Et, en effet, si, sans vouloir rien de mesquin et indigne d'une grande ville comme Paris, on reconnaît, — tardivement peut-être, — que l'on peut faire des Halles centrales, plus commodes, aussi monumentales et à moins de frais, où donc serait le mal, et qui s'en plaindrait ? — Personne que nous sachions !

A côté du projet de MM. Baltard et Callet, il y avait, ainsi que nous l'avons dit plus haut, celui présenté par M. Horeau ; — ce projet, tracé entre la rue Rambuteau et la Seine, ne se rattachait à la rive gauche que par le Pont-au-Change ; — les pavillons étaient coupés par la rue de Rivoli, et ce projet avait le défaut d'interrompre la circulation, entre la rue Saint-Honoré et celle des Lombards, d'une communication très-fréquente.

Ce projet, qu'un grand talent de dessinateur a fait valoir, n'a pas cependant trouvé grâce devant le Conseil municipal, qui l'a refusé impitoyablement.

Les projets de MM. Baltard et Callet, et celui de M. Horeau, à l'exemple l'un de l'autre, indiquaient — comme agrandissement de surface, la construction d'un étage souterrain ; — sous ce point de vue donc, — et si cette double surface, d'un difficile accès et d'un service douteux et coûteux, était indispensable, ces deux projets sont devenus aujourd'hui tout à fait impossibles.

En effet, l'abaissement du sol des rues Saint-Martin et celles adjacentes, ainsi que celui du pont Notre-Dame, —

abaissements motivés par celui de la rue de Rivoli à cet endroit, — constituent certainement, avec le passage des égouts, des obstacles invincibles ; — et expliquent en effet, pourquoi MM. Baltard et Callet ont élevé le sol du rez-de-chaussée du pavillon en construction des six ou huit marches si fortement critiquées.

Les deux autres projets n'ont pas davantage trouvé grâce devant l'autorité.

Celui de M. Ch. Duval, qui est sur une plus grande échelle, la reproduction du plan de la Halle au Blé, est placé sur l'axe de ladite Halle, entre la rue Saint-Denis et celle Saint-Honoré ; — il s'éloigne trop de la Seine, nécessite des démolitions nombreuses, surtout dans la rue de Rambuteau, aujourd'hui en valeur, et n'a d'arrivée principale que par une rue projetée devant aboutir au quai de la Mégisserie, entre le Pont-au-Change et le Pont-Neuf. — En un mot, ce projet est trop circonscrit, et il aurait eu pour résultat d'interrompre sérieusement la circulation nombreuse venant des rues Montmartre, Coquillière, Montorgueil et Rambuteau.

Le projet de M. Pigeory était peut-être plus rationnel ; — il plaçait les Halles entre le Pont-Neuf et le Pont-au-Change, sur le quai de la Mégisserie ; — l'ensemble des bâtiments des Halles était borné par la rue de Rivoli, la place du Châtelet et la rue de la Monnaie.

Nous sommes portés à croire que la rue de Rivoli, que l'on veut faire monumentale, et la dépense présumée devoir être pour l'expropriation de tout cet îlot tenant au quai de la Mégisserie, ont été les motifs concluants du rejet de ce projet, qui, d'ailleurs et comme les trois autres, n'offre pas suffisamment de surfaces couvertes ou d'accès pour le stationnement, en même temps que l'isolement des bâtiments qui composent ces Halles, est loin d'être aussi monumental qu'un seul et vaste couvert suffisant à l'abri des acheteurs, des marchands et de leurs marchandises.

DESCRIPTION GÉNÉRALE DE NOTRE PROJET.

Ainsi qu'il résulte du plan partiel de la ville de Paris ci-annexé, notre projet a pour but :

1° La création sur l'emplacement des Halles actuelles, et dans le périmètre compris entre les rues de Rivoli, Saint-Honoré, Saint-Denis, Rambuteau, du Four, et de la rue Montmartre prolongée jusqu'à la tour Saint-Jacques, d'un beau quartier commerçant, reliant ceux Montmartre et des Bourdonnais ; — toutes ces rues devant être affranchies de l'encombrement résultant du voisinage des Halles.

2° L'établissement des Halles centrales sur l'emplacement du vieux quartier de la Cité, — au véritable centre de Paris, — où ces Halles jouiront des magnifiques voies de dégagement fournies par la grande rue Notre-Dame, — les QUATRE KILOMÈTRES de quais, pourtournant la Cité, et sur les deux rives de la Seine, — les places de l'Hôtel-de-Ville et du Châtelet, — le Marché aux Veaux, — devenant la Halle aux cuirs; — le tout desservi par les onze ponts (¹) qui relient la cité au nord et au midi de la capitale.

DESCRIPTION PARTICULIÈRE ET DÉTAILS ESTIMATIFS.

§ 1. nouveau quartier des innocents.

Ce nouveau quartier relierait par sa création les riches quartiers commerçants des rues Montmartre, de Rambuteau, Saint-Denis, des Lombards, de la Verrerie, de Rivoli, Saint-Honoré et Coquillière, aujourd'hui complétement désunis par l'agglomération des Halles; — en effet, l'éparpillement des marchands et marchandises autour de l'espace trop petit qui leur est consacré, vient journellement encombrer toutes ces voies, ce qui porte le plus grand préjudice aux commerçants étrangers au trafic des Halles, et habitant ce quartier, qui peut être appelé à devenir l'un des plus beaux de Paris.

L'artère principale de ce nouveau quartier est nécessairement le prolongement de la rue Montmartre, aujourd'hui l'une des grandes voies intérieures de Paris, aussi importante au moins que les rues Saint-Denis, Saint-Martin et du Temple; mais qui, au lieu de joindre comme elles, la rue de Rivoli et les quais de la Seine, centre de Paris, — vient aujourd'hui, — arrêtée comme la rue Montorgueil par les Halles, — finir à la rue de Rambuteau, débouché déjà trop important par lui-même, pour former la jonction de la rue Montmartre avec celles Saint-Denis, Saint-Martin et de Rivoli.

La rue Montmartre, ainsi prolongée, jusqu'à la rue de Rivoli, et aboutissant à la nouvelle place de la tour Saint-Jacques, traverse le marché des Innocents, qui doit dans tous les cas disparaître, — et vient rejoindre la rue Saint-Denis, à la rencontre de la rue des Lombards et de celle Saint-Honoré, dont on rectifierait le tracé à cet endroit, pour la faire aboutir en ligne droite en face de la rue des Lombards; — cette dernière formera ainsi, avec la rue de la Verrerie et la totalité de la rue Saint-Honoré, une belle voie commerçante et parallèle à la rue de Rivoli.

Cette importante amélioration ne nécessite, pour être mise à exécution, que l'expropriation de l'îlot de maisons compris entre le marché des Innocents, et les rues de la Ferronnerie et Sainte-Opportune; les propriétés à démolir à cet endroit, sont, pour la plupart, de peu de valeur, et, d'ailleurs, l'importance du sacrifice à faire ne pourrait être discutée, en présence d'une amélioration nécessaire, indispensable même, à l'ensemble de voies de circulation aussi suivies que celles précitées, sans en excepter, bien entendu, les rues Rambu-

(¹) Le Pont-Neuf, — le Pont-au-Change, — le pont Notre-Dame, — le pont d'Arcole, — le pont Louis-Philippe, — le pont de l'Archevêché, — le pont de la Cité, — le pont de l'Hôtel-Dieu, — le Petit-Pont, — et le pont Saint-Michel; — ces voies naturelles et rapprochées ont encore, comme auxiliaires, les ponts Marie et de la Tournelle.

teau et de Rivoli, auxquelles elles se rattachent nécessairement.

Cette jonction simultanée des rues Montmartre prolongée, Saint-Honoré, Saint-Denis et des Lombards, avec la modification de la rue de la Ferronnerie, motive la formation d'une place circulaire, facilitant d'autant les communications entre toutes ces rues.

En isolant le beau monument de Saint-Eustache, nous formons au-devant, et dans l'axe de son portail, une place demi-circulaire, sur laquelle viendront aboutir les rues de Rambuteau, du Four, Coquillière, du Jour, et celles projetées : l'une, joignant et démasquant la Poste aux lettres, et l'autre, longeant l'église.

D'autre part, la rue du Roule ne saurait s'arrêter non plus avant d'atteindre Saint-Eustache, et il est convenable de réunir la Halle au Blé à la rue Saint-Denis par une voie rectiligne, dont la jonction avec celle du Roule prolongée motive la formation d'une place circulaire, de *quarante mètres* de largeur; — cette place présenterait un emplacement convenable pour recevoir la fontaine des Innocents; la rencontre perpendiculaire de ces deux rues permettrait une vue égale des quatre faces de ce beau monument, dont les auteurs originaires, Pierre Lescot et Jean Goujon, nous semblent devoir, à juste titre, donner leurs noms aux deux voies nouvelles indiquées par notre plan.

Enfin, le prolongement de la rue de Rambuteau élargie devant Saint-Eustache, et celui des rues des Bourdonnais et Tirechape, jusqu'à cette première voie, complètent naturellement la subdivision de ce quartier, avec la continuation de la seconde voie transversale (aujourd'hui la rue de la Friperie), parallèle à la rue de Rambuteau, et près celle Saint-Honoré.

Ce quartier, qui conserverait les Halles aux toiles et aux draps, — si près de la Bourse et du Palais-Royal, — serait sans nul doute peuplé d'hôtels et recherché par les étrangers, ce qui nous a engagé, sur la demande des commerçants et des maîtres d'hôtels, de projeter un théâtre sur la rue de Rivoli et la place Saint-Jacques, près celle du Châtelet.

En présence de la valeur importante et réelle des terrains de ces quartiers, et de l'emplacement lui-même, fort recherché par les négociants du haut commerce des tissus, il est certain que la ville de Paris, — même en exigeant l'ouverture des rues, le pavage et les trottoirs, — trouverait, par la revente partielle ou totale de l'ensemble de ces terrains, au moins en moyenne 500 francs par mètre superficiel.

Cette opération comporte, en terrains propres à construire, environ 50,000 *mètres* superficiels.

En attribuant une dépense de 2,500,000 francs pour les frais d'expropriation des îlots masquant la jonction des rues Montmartre, Saint-Honoré, Saint-Denis, (sans tenir compte encore de l'amélioration ainsi apportée aux rues Saint-Honoré et des Lombards, — amélioration qui devrait être considérée comme nécessaire en dehors de l'exécution de notre projet,)

— on voit que la ville de Paris retirerait, de l'ensemble de ces terrains, une somme nette d'environ 22,500,000 FRANCS.

Il va sans dire que la rue Saint-Honoré, s'élargissant sur ce point, relierait naturellement ce beau et nouveau quartier à la rue de Rivoli, par celles Saint-Denis, du Roule et de l'Arbre-Sec.

Il y a là, comme on le voit, et pour longtemps, d'immenses travaux à exécuter, travaux qui ne coûteraient rien ou fort peu de chose à la ville, et qui, dans tous les cas, produiront de fortes sommes au fisc, — pour les droits de mutation par l'achat et la revente des terrains et des maisons, — et, à la ville, des droits de voirie pour l'édification des maisons, des impôts de toute nature et des abonnements au service des eaux.

Il est bon de faire observer que nous n'avons point fait entrer en ligne de compte le produit important des matériaux vendus ou à vendre par suite des expropriations faites ou à faire.

§ II. FRAIS D'EXPROPRIATION DANS LA CITÉ.

Pour l'exécution immédiate de notre projet, il y aurait à exproprier actuellement en îlots de maisons, une surface d'environ 46,500 *mètres*, que comporte la totalité des propriétés comprises entre le quai Napoléon, les rues de la Barillerie, de la Calandre, de la Cité, et du Cloître-Notre-Dame; il resterait, en dehors de cet îlot, celui compris entre la rue de la Calandre et le quai du Marché-Neuf, l'îlot extrême derrière Notre-Dame, et les bâtiments des Hospices. — Ces dernières expropriations, qui peuvent être considérées comme seulement nécessaires à la création de la grande place et de la rue Notre-Dame, seraient faites ultérieurement par la ville de Paris.

Les 46,500 *mètres* de propriétés à exproprier actuellement, non compris le bâtiment des archives englobé près la place du Palais-de-Justice, ne se composent, sauf la rue de la Barillerie et quelques maisons sur les rues de Constantine et de la Cité, que de masures de fort peu de valeur, comme construction et comme location. La valeur moyenne de l'ensemble de ces propriétés ne saurait donc dépasser, selon nous, 400 FRANCS *par mètre superficiel*, constructions et terrains compensés, ce qui ferait supposer, pour les 46,500 *mètres superficiels*, une dépense totale d'expropriation de 18,600,000 FRANCS, somme qui serait largement couverte par le produit de la vente des terrains libres de l'emplacement des anciennes Halles, que nous avons estimé, plus haut, à la somme de 22,500,000 FRANCS.

Or, il ne saurait être douteux que la destruction complète des dernières ruelles étroites et fangeuses de la Cité, qui déshonorent non-seulement les magnifiques monuments de cette île, mais encore toute la capitale, doit être faite, sinon actuellement, au moins, dans l'avenir; — par la combinaison proposée, cette utile mesure recevrait immédiatement son exécution, sans déboursé nouveau pour la ville de Paris, comme nous venons de le dire.

§ 3. DESCRIPTION DES CONSTRUCTIONS.

Les constructions destinées à abriter les marchands pour le commerce des Halles, doivent surtout présenter un accès facile aux arrivants et sortants, aux vendeurs et acheteurs, ainsi qu'un renouvellement perpétuel d'air; — le système remplissant ce but nous paraît consister dans la construction des combles des Halles centrales en fers légers, portés sur des poteaux en fonte, et couverts en vitrages, avec chaîneaux en zinc, conduisant les eaux pluviales au dehors; — et dans les égouts souterrains de nos Halles, se reliant aux grands égouts sous les chemins de halage pour l'emport des immondices; — sous ce point de vue donc, la salubrité de nos Halles sera complète; — chaque travée de ces combles présenterait à sa partie supérieure un petit pavillon relevé, laissant de chaque côté, au-dessus des pentes de la partie basse de ces combles un grand espace servant à renouveler l'air intérieur et pouvant se fermer par des châssis mobiles.

L'ensemble du grand couvert de nos Halles, occupant une longueur de 400 *mètres* sur 150 *mètres de largeur*, a son grand axe placé parallèlement à celui de la Cathédrale et joignant celui de la grande cour du Palais de Justice; — en respectant l'existence des rues transversales d'Arcole et de la Cité, tout en modifiant leur tracé, que nous plaçons parallèlement à la façade de Notre-Dame; — cet ensemble des bâtiments se trouve divisé symétriquement en trois pavillons séparés par deux grandes voies ou rues aussi couvertes, et de chacune 20 mètres de largeur.

Nous avons donné aux deux pavillons extrêmes une forme demi-circulaire, afin de faciliter la circulation, soit devant le Palais de Justice, soit à l'extrémité de Notre-Dame, dont le chevet reste ainsi complétement démasqué sur les deux rives; — en outre, cette disposition permet, en couvrant en vitrages les deux rues transversales, de les réserver à la circulation intérieure des Halles, ainsi complétement isolées et dégagées des passages de voitures et de piétons traversant l'île de la Cité, ce qu'ils pourront faire sans trop s'écarter de leur route, en tournant les deux pavillons extrêmes.

Afin d'utiliser, sous le rapport de l'habitation, les grands terrains employés à la construction des Halles, et pour donner à ces dernières un aspect plus monumental, il nous a paru nécessaire de fermer chacune des trois travées composant le couvert des Halles par des bâtiments élevés de deux étages carrés sur rez-de-chaussée; — ce dernier serait élevé de huit mètres au-dessus du sol de plein pied avec les trottoirs, et distribué en grandes galeries fermées par des arcades sur les faces extérieure et intérieure; — les deux étages au-dessus pourront servir à l'habitation des principaux marchands, qui ont un grand avantage à se loger à proximité de l'emplacement réservé à leur négoce.

Dans l'axe du pavillon milieu sur la belle rue Notre-Dame, sera le grand bâtiment d'administration centrale des Halles ; — en face et parallèlement sur la même rue, et sur partie de l'emplacement de l'Hôtel-Dieu devant être démoli, nous avons projeté une petite caserne ou bâtiment de police pour la surveillance des Halles.

On nous objectera sans doute que notre projet enlève à la Cité, et par conséquent au neuvième arrondissement, une partie quelconque de ses habitants ; — à ceci nous répondons : — Il est impossible que dans la nouvelle délimitation des arrondissements de Paris, l'arrondissement le plus petit ne reçoive pas d'extension ; — dans tous les cas, les logements de nos Halles centrales recevront en échange des locataires actuels, une population laborieuse et matinale ; — et, d'un autre côté, nous indiquons dans notre plan, l'emplacement d'un Palais archiépiscopal tenant à la métropole, avec un jardin particulier pour Monseigneur l'archevêque.

§ 4. DÉTAIL DES SURFACES OCCUPÉES PAR LES BATIMENTS ET ANNEXES ; — COMPARAISON AVEC CELLES FOURNIES PAR LES EMPLACEMENTS, AUTRES QUE LA CITÉ.

La surface totale des trois pavillons avec les deux rues transversales les reliant, comme parties intégrantes et intermédiaires, présente un immense couvert d'environ 55,000 *mètres superficiels*, percé au pourtour de *seize* grandes entrées de chacune *huit mètres* de largeur dans œuvre, sans compter les 260 *arcades* donnant un accès immédiat du dehors dans les galeries du pourtour.

Comme annexe important et contigu de cet immense centre de commerce, se présente autour de nos Halles une vaste superficie de terrains toujours libres, et fournie : par — le quai Napoléon, la grande rue Notre-Dame, et l'emplacement vide se trouvant derrière la cathédrale, c'est-à-dire environ 50,000 *mètres superficiels*, qui, non-seulement serviront à l'arrivée de toutes les denrées, mais pourront être encore occupés par les petits marchands qui entourent sans cesse et inévitablement les Halles.

En second lieu, comme second annexe fort utile au présent, et qui sera indispensable dans l'avenir, pour recevoir l'immense quantité de voitures apportant chaque jour les approvisionnements des Halles, — voitures obligées de stationner une partie de la matinée dans Paris ; — cette situation exceptionnelle et centrale, indépendamment de la Cité et à proximité de cette île, qui y est reliée par ONZE PONTS, nous donne encore pour le stationnement des voitures : — les quais bordant la Seine sur les deux rives au nord et au midi ; les quais de l'île Saint-Louis, plus souvent déserts qu'occupés ; — les quais Napoléon et des Orfévres jusqu'au Pont-Neuf, — le tout développant une longueur de plus de QUATRE KILOMÈTRES, et présentant sur une largeur d'au moins *sept mètres*, pouvant, en moyenne, être distraite de la circulation, et offrant une

surface propre au stationnement, d'environ   30,000 mètres.

A quoi ajoutant, également et surabondamment, par les places agrandies de l'Hôtel-de-Ville et du Châtelet, la surface dont on peut disposer sans nuire à la circulation, soit encore et environ . . . . . .   10,000 mètres.

Ces utiles annexes nous fourniront donc, en plus, pour le trop plein des Halles, une surface d'environ . . . .   40,000 mètres.

C'est-à-dire, avec les 50,000 *mètres* donnés par la Cité, une surface totale de 90,000 *mètres* superficiels, desservant et dégageant les 55,000 *mètres* de couvert !

Quel autre emplacement central de Paris pourra jamais, et à meilleur marché, nous procurer pour les Halles centrales, une si grande étendue de terrains ?... Aucun !

L'importance des Halles centrales doit être surtout appréciée, non au présent, mais pour l'avenir. En effet, il est évident que les Halles reconstruites appelleront, par leurs dispositions plus salubres, plus avantageuses, et par l'accroissement inévitable de la population parisienne, un nombre beaucoup plus considérable de vendeurs et d'acheteurs ; — on ne saurait donc trop laisser à cet utile établissement toute la facilité d'extension possible.

Or, l'emplacement actuel les resserre dans un quadrilatère étroit, entouré d'une ceinture de maisons infranchissable ; — l'îlot sur lequel ont été commencées les constructions des Halles, d'après le projet de MM. Baltard et Callet, présente, entre les rues du Four, Rambuteau, Saint-Denis et de la Friperie, avec le terrain du marché des Innocents et celui de la place du Châtelet comme annexes, une surface totale de 60,000 *mètres*, en ménageant, bien entendu, une largeur de 10 *mètres* au pourtour, pour la circulation des rues et places désignées.

Le projet de MM. Baltard et Callet, comprenant 12 *pavillons*, couvrirait environ 22,000 *mètres* de cette surface, ce qui est certainement insuffisant, même à ce jour ; 38,000 *mètres* aussi environ, restant seulement libres pour la circulation et le stationnement.

L'emplacement choisi par M. Horeau lui fournissait 24,000 *mètres* de couvert et 26,000 *mètres* de voies intérieures ou extérieures libres, y compris l'annexe de la place du Châtelet ; — les surfaces de ce deuxième projet seraient également insuffisantes, et, comme celles du projet de MM. Baltard et Callet, elles ne pourraient recevoir d'extension pour l'avenir, sans d'énormes sacrifices par la ville de Paris, pour de nouvelles expropriations.

Voici un tableau résumant la comparaison des surfaces fournies par les divers emplacements proposés pour la construction de Halles centrales.

PROJETS.	SURFACES COUVERTES.	SURFACES LIBRES et annexes À PROXIMITÉ.	SURFACE TOTALE DISPONIBLE.
Baltard et Callet..	22,000^m	38,000^m	68,000^m
Horeau.........	24,000	26,000	50,000
Roze, père et fils..	55,000	50,000	105,000
		Dans l'île de la Cité seulement.	Non compris les 40.000^m fournis par les deux rives de la Seine, comme il est dit plus haut.

§ V. APPRÉCIATION DE LA DÉPENSE ET DES PRODUITS.

Dépense. Les bâtiments de pourtour sont construits sur un étage souterrain indispensable au remisage des marchandises invendues et pouvant servir dans un temps donné, du côté des quais, et au moyen d'un chemin de fer dont nous parlerons plus loin, à l'arrivage et au débarquement des denrées de toute espèce.

Ces bâtiments de pourtour sont élevés d'un grand rez-de-chaussée et de deux étages carrés, avec comble en fer et en zinc ; ils occupent une superficie totale d'environ 20,000 *mètres superficiels*.

En estimant le prix de cette construction, en pierre, briques, fer ou fonte, — construction dont la destination admet d'ailleurs plus de simplicité grandiose que d'ornementation de détails, — à la somme de 400 FRANCS PAR MÈTRE SUPERFICIEL, la dépense serait d'environ . . . . 8,000,000 f.

Les 35,000 *mètres* superficiels restant seront simplement couverts en vitrages avec chaîneaux en zinc, sur combles en fer et poteaux en fonte, le sol seulement recouvert en bitume.

Cette seconde partie de construction des Halles occasionnerait une dépense d'environ   2,500,000 f.

Ce qui donne pour l'ensemble de la construction 10,500,000

A quoi, ajoutant pour frais de surveillance , etc. 500,000

La dépense totale serait donc de. . . . 11,000,000

Produit. Les galeries de pourtour comportent, avec la plus grande facilité possible de circulation, 450 *travées* de 5^m,00 sur 3^m,00, ce qui suppose environ 1,500 PLACES.

En estimant le loyer de ces places à 400 FR. pour l'une, par année, leur produit total serait de. . . 600,000 f.

Les parties couvertes intérieures étant louées pour la moitié de la surface, l'autre moitié restant affectée à la circulation, les 17,000 *mètres* ainsi occupés pour l'achat et

A reporter. 600,000

Report. . . . . . 600,000 f.

la revente en gros, à raison de 0 fr. 25 c. seulement le mètre superficiel par jour, soit pour l'année environ 90 fr., le produit annuel en serait de. 1,530,000

Les deux étages en élévation au pourtour des trois pavillons comportent chacun 250 LOGEMENTS, pouvant être portés à 400 par la construction de deux grandes ailes transversales dans le pavillon du milieu. — Ces 250 logements, sains et spacieux, pourvus d'eau à chaque étage, occupant l'une des travées en largeur, et pouvant être loués 500 FRANCS l'an chacun, ce sera encore un produit de. .   250,000

Enfin, le stationnement des voitures d'approvisionnement sur les voies publiques est assujetti à un droit dont le produit sera certainement, pour l'année, d'au moins   80,000

Produit brut annuel 2,460,000

En déduisant, pour frais d'administration, d'entretien, etc., environ. 160,000

Resterait un produit net annuel de . . . 2,300,000

Ce produit, prélevé sur une vente annuelle et assurée d'au moins 40,000,000 FRANCS (voir année 1841), — suffirait à garantir certainement les frais de construction (estimés ci-dessus à 11,000,000 FRANCS, — sans déduction du *boni* à espérer de la revente des terrains du nouveau quartier des Innocents, sur les frais d'expropriation de la Cité), et constituerait, certes, pour la ville de Paris, une des affaires les plus avantageuses qui aient été faites jusqu'ici, soit par la ville de Paris, soit par entreprise particulière.

§ VI. CONSÉQUENCES. — AVANTAGES PRÉSENTS ET ÉVENTUALITÉS FUTURES DU NOUVEL EMPLACEMENT DES HALLES CENTRALES, DANS LA CITÉ.

1° *Marché aux fleurs.* — L'exécution de notre projet nécessite le déplacement du Marché aux fleurs de la Cité ; — nous pensons qu'il serait convenablement reporté dans la place Dauphine et sur les deux quais latéraux, si mieux n'aime l'autorité le porter sur l'ancien Marché aux Veaux, où il alternerait avec la Halle aux Cuirs ; les marchands et les fleurs seraient d'ailleurs, sur ces emplacements, mieux abrités des vents, de la poussière et de l'ardeur du soleil.

2° *Ensemble des Halles centrales.* — Au point de vue artistique, et sous celui sanitaire, dans aucun autre emplacement que celui proposé de la Cité, les Halles n'auront plus d'air et d'espace, et ne produiront un meilleur effet comme monument d'ensemble : — visible d'aspect sur tous les quais de la Seine, et dégageant définitivement les magnifiques mo-

Projet de **HALLES CENTRALES** à édifier pour la Ville de **PARIS**, dans l'Ile de la **CITÉ**, par Mrs ROZE *Père & Fils* Architectes Ingénieurs, à Paris, 1853.

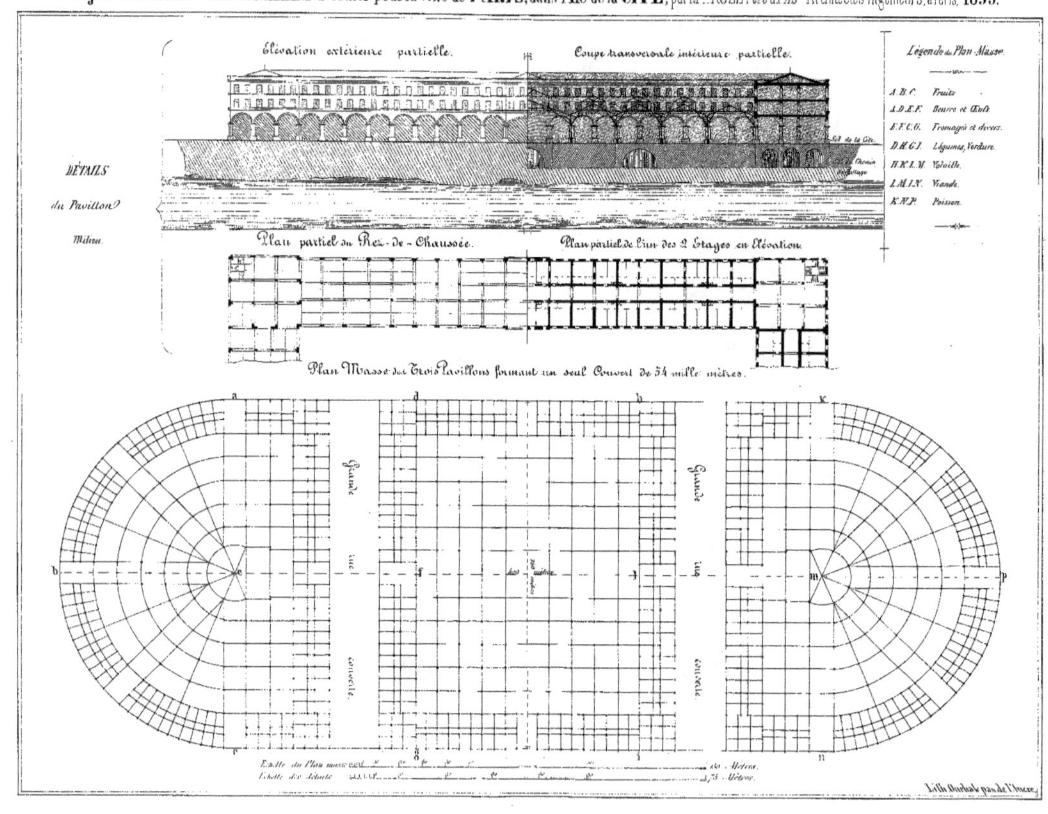

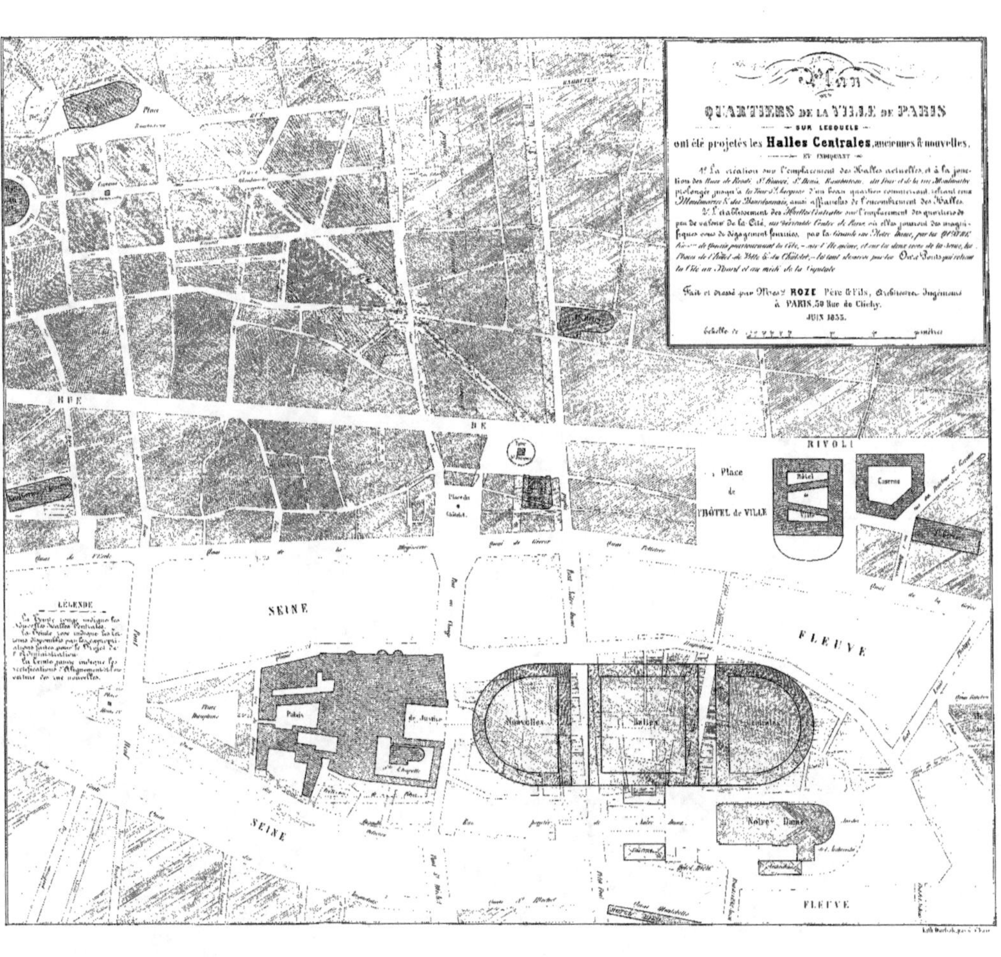
QUARTIERS DE LA VILLE DE PARIS
SUR LESQUELS
ont été projetés les Halles Centrales, anciennes & nouvelles,
ET INDIQUANT
Fait et dressé par MM. ROZE Père & Fils, Architectes Ingénieurs
à PARIS, 50 Rue de Clichy.
JUIN 1855.
Echelle de ... mètres
RIVOLI
Hôtel de Ville
Caserne
Place de l'HÔTEL de VILLE
SEINE
FLEUVE
LÉGENDE
Palais de Justice
S.te Chapelle
Nouvelles
Halles
Centrales
Notre Dame
SEINE
FLEUVE
Place du Châtelet
RUE
DE
Lith Bertuch, passage de l'Opéra

numents : — de Notre-Dame, du Palais de Justice et de la Sainte-Chapelle ; — ces monuments, ainsi démasqués sur tous les points, des masures et des rues irrégulières qui les avoisinent, feront de la Cité un des plus utiles et des plus magnifiques quartiers de Paris.

D'un autre côté, cet emplacement offre pour les Halles une immense surface, d'accès facile, et centralement situé pour les arrivages de tous côtés, — soit par eau, — soit par les deux quais, — par les barrières du Trône, du Temple, Saint-Martin, Saint-Denis, Poissonnière, Montmartre, Saint-Honoré ; celles de Fontainebleau, Saint-Jacques, d'Enfer, du Maine, et de Sèvres, — toutes reliées au centre de Paris par de grandes voies continues dans leur parcours, et auxquelles il faut espérer que l'on donnera encore un magnifique auxiliaire, par *le prolongement du boulevard de Strasbourg*, — sinon jusqu'à la barrière d'Enfer, — au moins jusqu'aux quais, où il rencontrera nos Halles projetées, qui se trouveraient en quelque sorte au centre des quatre points cardinaux de la capitale.

3° *Amélioration des quartiers voisins.* — Il est de toute évidence que l'édification des Halles centrales dans la Cité apportera un élément puissant d'amélioration et même de richesse : — pour l'île Saint-Louis, — le quartier neuf en construction au quai de la Tournelle, — et surtout pour l'ensemble de la rive gauche, dont les quartiers ont toujours quelque chose à gagner en population et en bien-être, lorsque ceux de la rive droite ne peuvent jamais perdre de leur prospérité.

4° *Centralisation des grands marchés d'approvisionnement de Paris.* — Nous ferons aussi observer que notre projet continue, sinon complète cette centralisation réelle des grands marchés de la capitale, résultant de leur groupement sur des emplacements spacieux quoiqu'à proximité, et situés sur les deux rives de la Seine ; ce sont, en effet, sur la rive droite : les Greniers d'abondance, les bois et charbons ; — et sur la rive gauche : — l'Entrepôt des vins, le Marché à la volaille, et la Halle aux cuirs, qui sera ainsi que nous l'avons dit plus haut avec le Marché aux fleurs, probablement reporté sur l'emplacement du Marché aux veaux.

5° *Chemin de fer transversal d'arrivée* (*). — Enfin, nous devons noter la possibilité, suivant nous, de doter, dans un avenir rapproché, tous ces marchés et les Halles centrales, — indépendamment de la voie fluviale et des deux quais qui la bordent, — de l'établissement de deux voies ferrées, placées sur les chemins de halage des deux rives ; — ces chemins de fer, qui seraient desservis par des chevaux, relieraient ainsi, par une sorte de diamètre, l'immense cercle du chemin de fer de ceinture, auxquels se rendraient les producteurs avec leurs produits ; et la ville de Paris verrait, par ce moyen, la circulation des voitures marchandes diminuer de beaucoup au profit des voitures de l'intérieur.

Les frais de ces deux voies ferrées seraient peu coûteux, les mouvements de terre devant être presque nuls, les berges

(*) Ce projet est à l'étude.

actuelles étant plutôt à remblayer qu'à baisser, afin d'éviter les hautes eaux, tout en passant dans des petits tunnels à construire sous les ponts.

Cette voie ferrée, dont le nivellement est naturellement tracé par la rencontre du chemin de fer de ceinture avec la Seine, en aval comme en amont, considérée aussi sous le rapport de la viabilité générale, pourrait faire communiquer au centre de Paris, sans inconvénient pour l'intérieur de la capitale, le grand réseau des chemins de fer français ; — elle achèverait enfin de dégager Paris des voitures de gros transport qui obstruent la plupart des rues transversales, aux heures de départ et d'arrivée simultanées des voitures de denrées.

§ VII. OBSERVATIONS SUR LE MODE D'EXÉCUTION DE CE DOUBLE PROJET.

La ville de Paris, depuis environ deux ans, a, par ses nombreux percements de rues, provoqué et motivé d'immenses travaux de reconstruction de maisons.

Combien de ces maisons auront été érigées sur des plans et sous la conduite d'architectes pouvant justifier ce titre ! — Très-peu ; — cela est triste à dire, mais cela est pourtant vrai...

Cependant, il faut qu'on sache que Paris renferme au moins 500 ARCHITECTES pourvus de patentes, et plus de 2,500 *entrepreneurs* capables et honnêtes, également patentés, mais qui sont complétement étrangers aux travaux qui s'exécutent en ce moment.

La raison en est fort simple et facile à expliquer ; la voici :

La majeure partie des constructions qui s'élèvent en ce moment dans la capitale est faite par des entrepreneurs-spéculateurs, qui, suivant l'usage reçu aujourd'hui, trouvent convenable d'économiser les honoraires d'un architecte, — ce qui, disons-le, justifie probablement le grand nombre de procès en mal-façons, dont les tribunaux ont à s'occuper depuis longtemps.

D'un autre côté, les entrepreneurs, consciencieux et capables, ne peuvent ni ne doivent courir toutes les éventualités ruineuses et attachées fortement au titre d'entrepreneurs-sous-traitants, des entrepreneurs généraux ou spéculateurs.

Voici, en deux mots, ce qui a lieu ; et, malgré l'extension des travaux de la capitale, pourquoi bon nombre d'architectes capables et d'entrepreneurs honnêtes ne sont aujourd'hui que peu ou point occupés.

Est-il juste de laisser subsister cet état de choses ? Nous ne le pensons pas.

Sans vouloir apporter aucun obstacle à la liberté du commerce et des transactions industrielles, nous pensons qu'il serait facile et convenable d'ériger en principe que toute grande entreprise, comme celle que nous proposons, donnât l'exemple d'une meilleure répartition du travail.

Ainsi, en ce qui touche la création de notre nouveau quartier des Innocents, voire même pour la construction de nos Halles,—nous voudrions qu'une société fût formée entre des capitalistes, un grand nombre d'architectes, hommes pratiques et de talent; comme aussi de plus d'entrepreneurs possibles ; que chaque maison, — et il doit y en avoir plus de TROIS CENTS à construire, — soit édifiée sur un plan fait conformément aux règles de l'art et de la bonne construction, — sous la surveillance et la direction d'un architecte et d'un inspecteur, aux honoraires d'usage, loyaux et légaux.

Ces maisons ainsi construites auraient au moins la réputation d'être solidement faites, et se vendraient d'autant plus cher, que l'acquéreur aurait, par ce fait, d'autres garanties plus solides que celles trop souvent illusoires, quoique si journellement invoquées, comme résultant des articles 1793 et suivants du Code Napoléon, touchant la responsabilité décennale.

Sous ce dernier point de vue donc, la profession d'architecte que le génie militaire et celui des ponts et chaussées tendent incessamment à remplacer mérite, de fixer, sous le rapport de l'art, l'attention de l'autorité supérieure, comme des administrations publiques ; — et tout ce qui pourra concourir à l'avenir, à rendre à cette utile et indispensable profession, son prestige et sa considération d'autrefois, sera un vrai service rendu, et dont tout le monde : — gouvernement, propriétaires, entrepreneurs et ouvriers, — sentira tout le prix, sans que personne ait à s'en plaindre.

Notre projet mis immédiatement à exécution, permettrait au moins pour partie aux visiteurs étrangers, lors de l'Exposition universelle de 1855, d'admirer des deux points les plus extrêmes de la capitale, le magnifique accès formé par les nombreux monuments découvrant les deux rives de la Seine.

CONCLUSION.

La construction des Halles centrales pouvant et devant être à ce jour discutée sérieusement, afin d'éviter de nouvelles dépenses en pure perte, — nous avons dressé le présent projet, que nous soumettons à l'examen, — pourquoi ne dirions-nous pas,—à la critique des hommes compétents, que nous appelons à en apprécier équitablement les mérites et les défauts!

En un mot, nous entrons en lice, et, quel que soit le résultat pour nous, de cet examen, que nous sollicitons également de l'autorité supérieure, nous aurons toujours la satisfaction consciencieuse d'avoir apporté, par quelques idées utiles, notre faible concours au grand travail fait ou à faire pour l'embellissement de la capitale du monde civilisé.

ROZE , PÈRE ET FILS ,
Architectes-ingénieurs, 50, rue de Clichy.

Paris, juin 1853.

TYPOGRAPHIE HENNUYER, RUE DU BOULEVARD, 7. BATIGNOLLES
Boulevard extérieur de Paris.

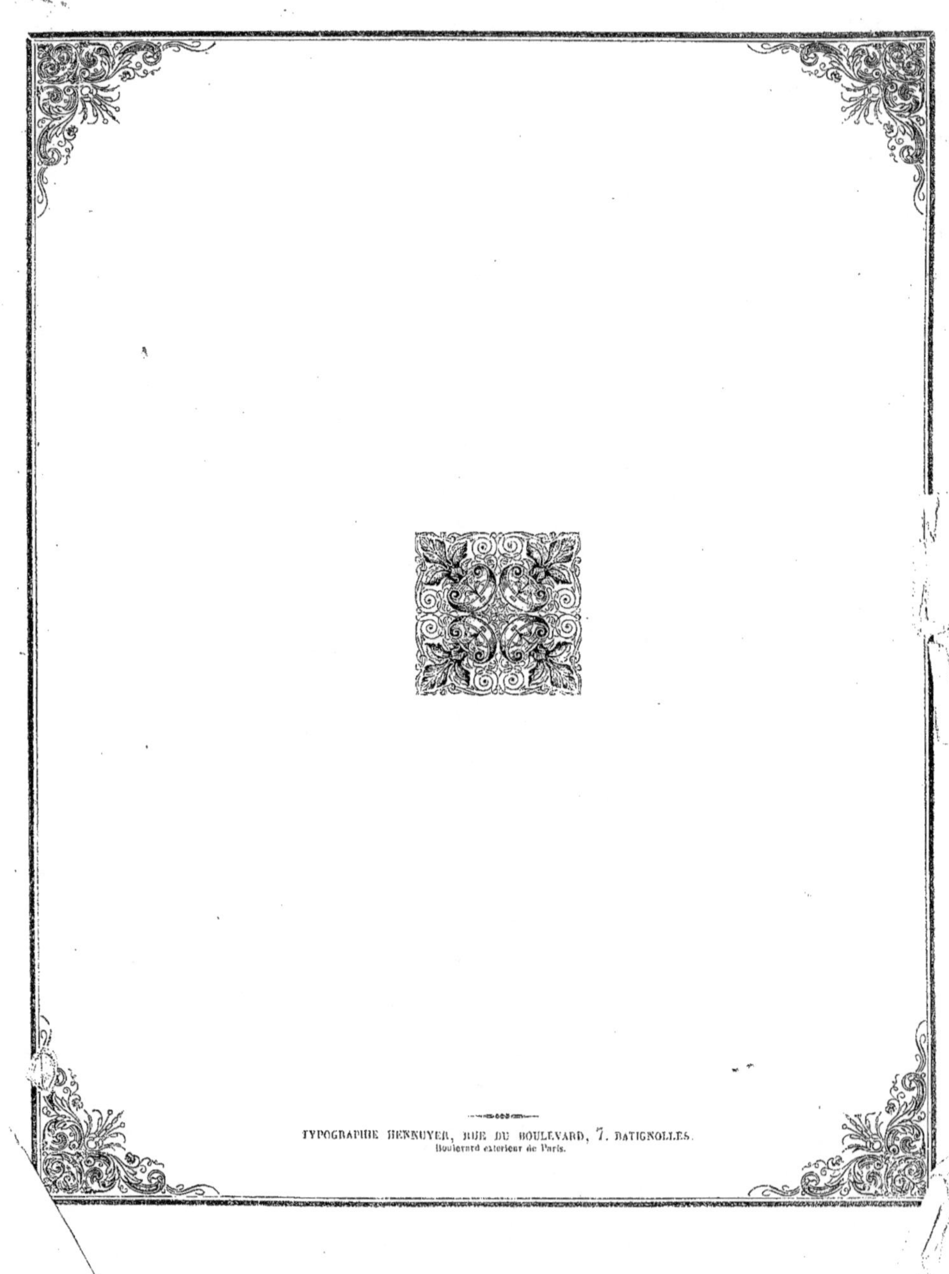

TYPOGRAPHIE HENNUYER, RUE DU BOULEVARD, 7, BATIGNOLLES.
Boulevard extérieur de Paris.

www.ingramcontent.com/pod-product-compliance
Lightning Source LLC
LaVergne TN
LVHW011017180726
843502LV00007B/2588